VAMOS A CAMBIAR EL MUNDO TODOS JUNTOS

Guía de Sesame Street para luchar por la justicia racial

Jackie Golusky

ediciones Lerner ◆ Mineápolis

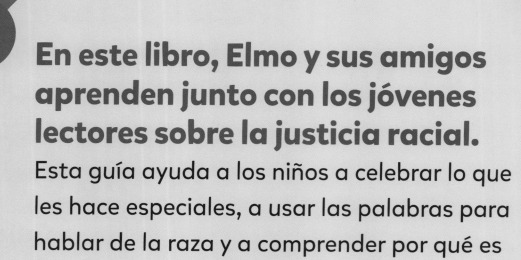

En este libro, Elmo y sus amigos aprenden junto con los jóvenes lectores sobre la justicia racial.

Esta guía ayuda a los niños a celebrar lo que les hace especiales, a usar las palabras para hablar de la raza y a comprender por qué es importante tratar a todo el mundo con justicia. Únete a tus amigos de *Sesame Street* y aprende cómo defender la igualdad y la bondad.

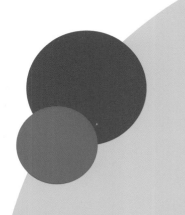

CONTENIDO

APRENDEMOS JUNTOS

Muchas personas viven en Sesame Street. **Todos somos especiales.**

Celebremos nuestra diversidad y aprendamos sobre la bondad y la igualdad racial.

¡Elmo quiere aprender contigo!

Todos tenemos un color de piel. Es parte de lo que nos hace únicos.

Todos los colores de piel son hermosos.

¡Mi bella piel es parte de quien soy!

7

Algunas personas no creen que todos los colores de piel sean hermosos. A veces, no se trata a las personas con justicia o bondad por su color de piel, por la textura de su pelo, la forma de los ojos o el idioma que hablan.

¡Quiero que todos se sientan amados en Sesame Street!

9

Tratar a alguien de forma injusta a causa de la raza o por su lugar de origen se llama racismo. El racismo ha estado entre nosotros durante mucho tiempo, y ha hecho que muchas cosas sean injustas.

Podemos trabajar en conjunto para mejorar el hoy y el mañana.

Podemos defender juntos la bondad y la igualdad racial.
Estos se llama justicia racial.

Me importan a mí más las personas y los monstruos que las galletas.

Tenemos diferencias. También tenemos mucho en común. A todos nos gusta divertirnos con amigos.

Elmo, Rosita y yo somos buenos amigos. ¡Nos encanta la hora de los cuentos!

DEFENDER A LOS DEMÁS ES MARAVILLOSO

Podemos levantar la voz cuando nos tratan injustamente a nosotros o a nuestros amigos. **Eso es lo que significa ser un defensor activo.**

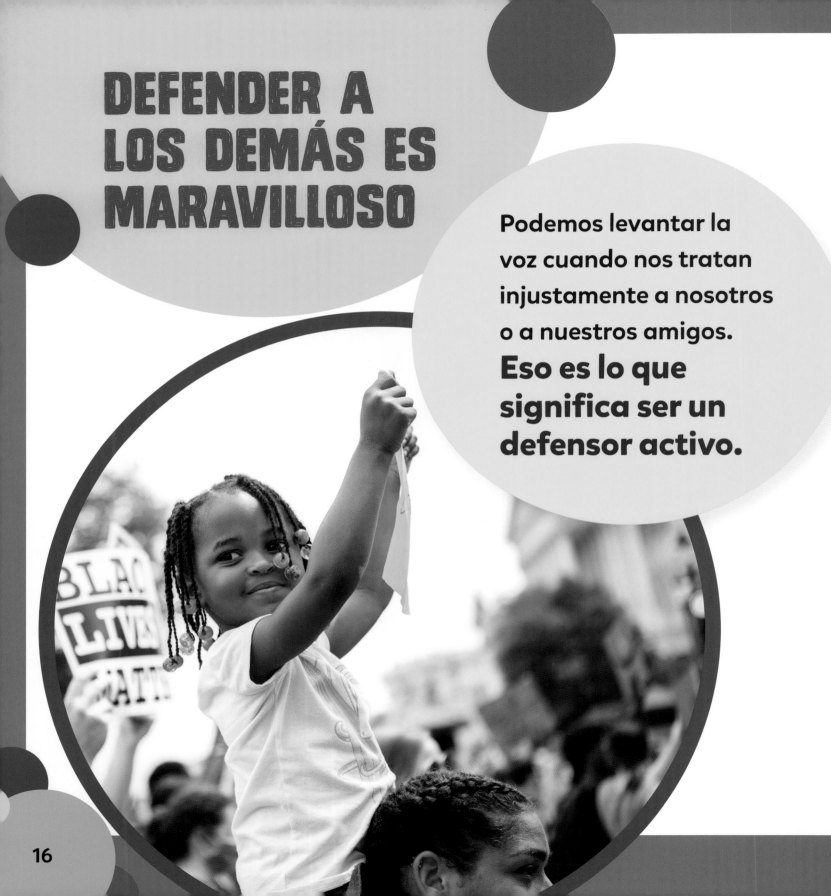

¿Cómo puedes ser un defensor activo?

¡Haz tu parte!
Habla con un adulto de confianza sobre la defensa activa. Puedes hacerle las preguntas que tengas sobre la justicia racial.

Como defensores activos, escuchamos con los oídos y con los corazones a las personas que fueron tratadas injustamente.

Cuando vemos que tratan a alguien injustamente, actuamos. Cuéntale a un adulto lo que sucedió. Luego ayuda a la persona que resultó lastimada.

Si te trataron a ti con injusticia o hirieron tus sentimientos, cuéntale a alguien que se preocupe por ti. Puede ser tu papá, tu mamá, una maestra o un amigo.

A mí me gusta hablar con mi mamá.

¡Haz tu parte y dibuja lo que hay en tu corazón!

Muestra y comparte los sentimientos que pueden ser demasiado grandes para expresarlos con palabras.

23

Vamos todos juntos y tratemos a las personas con justicia.

Todos pueden cultivar y compartir los alimentos en nuestro huerto comunitario.

Somos mejores juntos.
Ayudamos a hacer del mundo un lugar
mejor para todos cuando tratamos a
los demás con justicia y bondad.

¡Seamos defensores activos!

Estamos jugando con amigos, pero ellos no dejan a alguien jugar por el color de su piel. ¿Qué podemos hacer?

Contarle a un adulto.

Decirles a nuestros amigos que no es justo.

Escuchar a la persona.

Invitar a esa persona a jugar.

Jugar a otra cosa con la persona.

GLOSARIO

defensor activo: una persona que responde cuando la tratan mal o tratan mal a sus amigos

justicia racial: tratar a todas las razas, etnias y culturas con respeto

racismo: tratar a las personas de forma injusta por el color de su piel, la forma de los ojos, la textura del pelo, el idioma o su lugar de origen

único: que no hay otro igual

MÁS INFORMACIÓN

Easton, Emily. *Enough! 20 Protesters Who Changed America.* Nueva York: Crown Books for Young Readers, 2018.

Madison, Megan y Jessica Ralli. *Our Skin: A First Conversation about Race.* Nueva York: Penguin, 2021.

Miller, Marie-Therese. *Aprecio con Beto y Enrique: Un libro sobre la empatía.* Mineápolis: ediciones Lerner, 2023.

Junto con expertos, Sesame Workshop continúa creando recursos específicos según la edad para ayudar a los adultos a guiar el desarrollo de una identidad racial, ética y cultural positiva y sana para sus hijos y sus amigos.

https://www.sesameworkshop.org/what-we-do/racial-justice

ÍNDICE

CRÉDITOS POR LAS FOTOGRAFÍAS

Ariel Skelley/Getty Images, pp. 4, 6, 24 (derecha); kali9/Getty Images, pp. 5, 11, 17, 22, 26; DanielBendjy/Getty Images, p. 7; Richard T. Nowitz/The Image Bank/Getty Images, p. 8; GagliardiPhotography/Shutterstock.com, p. 9; FatCamera/Getty Images, p. 12; LightField Studios, p. 14; Tom Williams/CQ Roll Call a través de AP Images, p. 16; weedezign/Shutterstock.com, p. 18; Jose Luis Pelaez Inc/Getty Images, p. 20; SDI Productions/Getty Images, p. 21; TwilightShow/Getty Images, p. 23; John P Kelly/Getty Images, p. 24 (izquierda); Jupiterimages/Getty Images, p. 25.

ediciones Lerner
Una división de Lerner Publishing Group, Inc.
241 First Avenue North
Mineápolis, MN 55401, EE. UU.

Si desea averiguar acerca de niveles de lectura y para obtener más información, favor consultar este título en www.lernerbooks.com.

Fuente del texto del cuerpo principal: Mikado.
Fuente proporcionada por HVD.

Library of Congress Cataloging-in-Publication Data

Names: Golusky, Jackie, 1996-author.
Title: Vamos a cambiar el mundo todos juntos : guía de Sesame Street ® para luchar por la justicia racial / Jackie Golusky.
Other titles: Come together, change the world. Spanish
Description: Minneapolis : Ediciones Lerner, 2024. | Includes bibliographical references and index. | Audience: Ages 4-8 | Audience: Grades K-1 | Summary: "What can you do to stand up for racial kindness? Elmo and friends learn along with young readers about racial justice. Inspired by CNN and Sesame Street's Town Hall, Coming Together: Standing Up to Racism, this gentle guide helps kids celebrate what makes them special, use words to talk about race, and understand why it is important to treat everyone fairly. Now in Spanish"—Provided by publisher.
Identifiers: LCCN 2023052608 (print) | LCCN 2023052609 (ebook) | ISBN 9798765623855 (library binding) | ISBN 9798765627976 (paperback) | ISBN 9798765631102 (epub)
Subjects: LCSH: Sesame Street (Television program)—Juvenile literature. | Racial justice—Juvenile literature.
Classification: LCC HM671 .G63818 2024 (print) | LCC HM671 (ebook) | DDC 323—dc23/eng/20231130

LC record available at https://lccn.loc.gov/2023052608
LC ebook record available at https://lccn.loc.gov/2023052609

Fabricado en los Estados Unidos de América
1-1010175-51835-12/5/2023

Brace Yourself

for

Another Day

Written and Illustrated by Ginnell McDonald